Vente des Jeudi 11 et Vendredi 12 Mai 1882,

HOTEL DROUOT, SALLE N° 9.

OBJETS D'ART

ET D'AMEUBLEMENT

TAPISSERIES

TABLEAUX

EXPOSITION PUBLIQUE

Le Mercredi 10 Mai 1882

De une heure et demie à cinq heures

COMMISSAIRE-PRISEUR

Me PAUL CHEVALLIER, Succ^r de Me CHARLES PILLET

10, RUE DE LA GRANGE-BATELIÈRE

EXPERT : M. CHARLES GEORGE, 12, rue Laffitte.

CATALOGUE

DES

OBJETS D'ART

ET

D'AMEUBLEMENT

Marbres, Bronzes, Bois sculptés, Violons, etc.

MEUBLES ANCIENS

Bahuts renaissance, Lits Louis XVI, Commodes, Secrétaires, Bureaux,

Encoignures, Consoles,

GRANDES GLACES ET MIROIRS

Beaux Sièges Louis XVI, recouverts en tapisserie

(*Les Fables de La Fontaine*);

Tapisseries d'Aubusson, et Soieries; Pendules Louis XVI en bronze et marbre

DEUX SURTOUTS DE TABLE EN BRONZE;

Porcelaines; Faïences; Bijoux; Argenterie et Objets de vitrine;

TABLEAUX ANCIENS, LIVRES, GRAVURES

Pour la majeure partie arrivant de la province

DONT LA VENTE AURA LIEU

HOTEL DROUOT, SALLE N° 9

Les Jeudi 11 et Vendredi 12 Mai 1882,

A DEUX HEURES

COMMISSAIRE-PRISEUR

Mᵉ PAUL CHEVALLIER, Succʳ de Mᵉ CHARLES PILLET

10, RUE DE LA GRANGE-BATELIÈRE, 10

EXPERT: M. CHARLES GEORGE, 12, rue Laffitte.

Chez lesquels se trouve le présent Catalogue.

EXPOSITION PUBLIQUE : le Mercredi 10 Mai 1882,

De une heure et demi à cinq heures.

CONDITIONS DE LA VENTE

Elle sera faite au comptant.

Les acquéreurs payeront, en sus des adjudications, *cinq pour cent* applicables aux frais.

L'exposition mettant le public à même de se rendre compte de l'état des objets, il ne sera admis aucune réclamation une fois l'adjudication prononcée.

Paris. — Typ. PILLET et DUMOULIN, 5, rue des Grands-Augustins.

OBJETS D'ART ET D'AMEUBLEMENT

BRONZES, TAPISSERIES

1 — Canapé et six fauteuils en bois doré Louis XVI, recouverts en ancienne tapisserie, bien conservée. Les fauteuils représentent des sujets tirés des fables de La Fontaine, le siège du canapé une chasse au léopard, et le dossier une femme et des amours ; le tout dans des guirlandes de fleurs et de feuillages.

2 — Grande glace Louis XV, avec riche encadrement en bois sculpté et doré.

3 — Pendule Louis XV avec socle.

4 — Chenets Louis XIII à boules en cuivre.

5 — Lustre hollandais avec couronne ducale et crémaillère.

6 — Deux bergères Louis XVI peintes en blanc.

7 — Grande table en marqueterie genre boule.

8 — Deux paires rideaux en damas de soie cramoisie.

9 — Deux vases en chine moderne avec lampes.

10 — Glace Louis XIV avec encadrement en bois doré. Hauteur environ 3ᵐ.30.

11 — Une pendule fin Louis XIV.

12 — Une paire de rideaux en damas.

13 — Bahut renaissance en noyer finement sculpté, à deux portes, représentant l'Hiver et l'Été.

14 — Table en vieux chêne.

15 — Lit Louis XVI en bois sculpté, peint en blanc et doré, décoré de guirlandes de roses.

16 — Lit en chêne sculpté avec colonnes et chevet Louis XIII.

17 — Commode Louis XIV richement garnie de cuivre.

18 — Petits chenets de style renaissance.

19 — Divers objets d'art et d'ameublement sous ce numéro.

20 — Très grande tapisserie d'Aubusson représentant un paysage avec kiosques sur des rochers et oiseaux sur le premier plan.

21 — Deux petites tapisseries de la même suite avec bordures de deux côtés seulement.

22 — Tapisserie représentant un port de mer, bordure à fleurs et rinceaux feuillagés.

23 — Tapisserie représentant un paysage avec groupe de villageois : Le marchand de lunettes, bordure à ornements.

24 — Un panneau en tapisserie d'Aubusson : paysage au premier plan ; bergère et pêcheurs.

25 — Petit panneau. La bonne Aventure.

26 — Panneau en hauteur, oiseau et écureuil sur arbre, bordure.

27 — Ancienne tapisserie à personnages et bordure sur trois côtés.

28 — Moitié d'un panneau en ancienne tapisserie, paysage avec architecture, bordure à fleurs.

29 — Six fauteuils Louis XVI en bois sculpté, recouverts en tapisserie de l'époque, représentant les fables de La Fontaine.

30 — Six fauteuils Louis XVI recouverts en ancienne tapisserie d'Aubusson. Fables de La Fontaine et sujets d'enfants placés sous des lambrequins.

31 — Une chasuble.

32 — Une chape.

33 — Une bannière en soie brodée.

34 — Trois coupes d'ancienne soierie.

35 — Anciennes étoffes : couvre-lit en soie imprimée, coupes de soie et brocatelle.

36 — Grande pendule en bronze doré Louis XVI et marbre blanc, le cadran supporté par un portique à colonnes cannelées orné de guirlandes.

37 — Pendule Louis XVI, marbre blanc et bronze doré, forme pyramide.

38 — Un beau surtout de table en bronze doré, composé de :

Trois plateaux ovales à fond à glacés, à galeries à jours,
Quatre grands candélabres,
Une pièce de milieu,
Deux coupes.

39 — Un surtout de table en bronze doré, composé d'un plateau en trois parties et trois coupes garnies de lumières.

40 — Grande coupe en bronze.

41 — Deux statuettes en bronze : Voltaire et J.-J. Rousseau.

42 — Sous ce numéro, plusieurs paires de flambeaux et candélabres en bronze de diverses époques.

43 — Deux chenets Empire en bronze, levrettes couchées sur tapis.

44 — Plusieurs paires chenets anciens en fer et en bronze.

45 — Pendule Louis XVI en bronze, à figures d'Amours.

46 — Pendule Louis XVI, bronze doré, surmontée d'une statuette Vestale.

47 à 54 — Huit pendules Empire, bronze et marbre.

55 — Petite commode Louis XV laquée rouge et or, décor à personnages et paysages, garnie de bronzes.

56 — Quatre bois de fauteuils Louis XVI.

57 — Grande commode avec abattant formant bureau, ornée de marqueterie.

58 — Un grand meuble à deux corps en bois sculpté.

59 — Secrétaire Louis XV en palissandre et bois rose.

60 — Une commode Louis XIV en noyer sculpté.

61 — Une commode ancienne marquetée de fleurs.

62 — Une commode Louis XVI bois rose et marqueterie.

63 — Une commode Louis XV, forme contournée, garnie de cuivres.

64 — Une table à ouvrage.

65 — Une étagère japonaise.

66 — Un cabinet plaqué d'écaille.

67 — Un petit bureau Louis XVI à cylindre, acajou à filets de cuivre, corps supérieur à portes vitrées.

68 — Commode ancienne formant bureau.

69 — Commode Louis XVI à pieds cannelés.

70 — Bureau bois noir, surmonté d'un corps de bibliothèque vitrée.

71 — Cabinet en marqueterie d'écaille et de nacre, style vénitien, reposant sur une console en bois sculpté et doré.

72 — Console Louis XVI en bois sculpté et doré.

73 — Grand meuble vitrine en bois sculpté.

74 — Cabinet italien Louis XIII, à porte et tiroirs ornés de plaques en ivoire gravé.

75 — Une boiserie avec glace et trumeau.

76 — Une glace Louis XIV à fronton, cadre en bois sculpté et doré.

77 — Glace Louis XVI italienne, ornée de peintures sous verre dans l'encadrement.

78 — Miroir Louis XIII, cadre bois noir à moulures guillochées.

79 — Miroir vénitien.

80 — Cadre de glace Louis XIV à fronton.

81 — Ancien miroir.

82 — Une toilette surmontée d'une glace ; — marqueterie hollandaise.

83 — Deux encoignures anciennes en marqueterie.

84 — Petite commode Louis XV à 3 tiroirs, marqueterie garnie de cuivres.

85 — Un Écran. garni de feuilles en tapisserie au petit point, représentant un marchand de porcelaines.

86 — Secrétaire Louis XVI, marqueterie bois de rose à filets.

87 — Commode Louis XV en marqueterie, bois de rose.

88 — Grande commode plaquée ébène et décorée de colonnes et pilastres cannelés.

89 — Une panetière.

90 — Un coffre à bois en tapisserie au petit point.

91 — Sous ce numéro, sièges anciens Louis XV et Louis XVI, chaises, fauteuils et tabourets.

92 — Sous ce numéro, coffre à bois, bahuts et meubles anciens.

93 — Deux écrans Louis XVI avec feuilles en tapisserie au point.

94 — Crucifix en ivoire avec cadre en bois sculpté, Louis XIV.

95 — Coffret écaille et ivoire.

96 — Divers coffrets en bois sculpté et en ivoire.

97. — Trois violons anciens.

98 — Une boîte chinoise en écaille sculptée, deux autres boîtes et divers objets de vitrine, quatre petits bas-reliefs en bronze, les évangélistes.

99 — Petit miroir Louis XIV, à fronton, cadre doré.

100. — Miroir de toilette, cadre en bois sculpté.

101 — Sous ce numéro, divers crucifix, ivoire et bois sculpté.

102 — Buste de Mazzini en marbre blanc. Par Léon Gaugeri.

103 — Bas-relief en terre cuite signé Koslowsky, 1779.

104 — Un buste d'homme en marbre blanc.

105 — Buste d'un pape en marbre blanc.

106 — Un bas-relief en chêne sculpté, l'Adoration des mages, exécuté en haut-relief.

107 — Une statuette de la Vierge en bronze doré, époque Louis XIV.

108 — Petit guéridon Louis XVI, en bois sculpté.

109 — Deux bois de chaises anciens.

PORCELAINES ET FAIENCES

110 — Deux grands et beaux vases cornets, en céladon vert d'eau gaufré avec riche monture en bronze, à bouquets de lis.

111 — Deux cornets porcelaine de Chine moderne laquée rouge.

112 — Petite pendule en porcelaine de Saxe, moderne.

113 — Grand bol en vieux Japon, riche décor à fleurs et lambrequins.

114 — Six assiettes en porcelaine décorée de fleurs.

115 — Plateau en Sèvres pâte dure, oiseaux fleurs e' fond vert.

116 — Plusieurs tasses et soucoupes porcelaine de Chine et du Japon.

117 — Deux seaux en porcelaine décorée de fleurs.

118 — Deux autres plus petits.

119 — Deux seaux en ancienne porcelaine de Frankenthal à compartiments, décor fleurs et oiseaux.

120 — Vingt-cinq assiettes en ancienne porcelaine tendre d'Arras, décor à filet bleu.

121 — Deux compotiers carrés décor à fleurs.

122 — Tasses et soucoupes, théière, pot à crème, saucière, porcelaine de Sèvres et autres.

123 — Un service en faïence blanche de Saint-Clément à filet doré, environ 100 pièces.

124 — Sous ce numéro, environ 20 lots, assiettes, porte-huilier, porte-bouquets, plats en faïence française, cabaret en porcelaine de Sèvres, assiettes en Chine moderne, plats en Moustiers et porcelaines diverses.

TABLEAUX, LIVRES

125 — Asselin. — Port de mer.

126 — Savery (Roland). — Jésus-Christ guérissant les malades.

127 — Rembrandt (école de). — L'Adoration des bergers.

128 — Orizonti. — Paysages et figures.

129 — Allori (genre de). — L'Annonciation.

130 — Aubry (attribué à). — La Visite à la ferme.

131 — Quatre gravures, d'après Greuze, Lépicié et Aubry.

132 — Deux gravures par Raphael Morgen.

133 — Sous ce numéro, plusieurs gravures, dessins et tableaux.

134 — Livres anciens et modernes, dont l'Histoire de France de Henri Martin, la Botanique de Rousseau, ouvrages sur les arts, *manuscrits*, vignettes, etc.

135 — La Sainte Bible avec planches gravées d'après les dessins de Marillier. Tome premier.

ARGENTERIE, BIJOUX.

OBJETS DE VITRINE

136 — Boîte écaille avec miniature; portrait de femme signé Pinet, 1794.

137 — Deux salières Louis XVI en argent.

138 — Un cadre et une petite lampe en argent.

139 — Un polyptique en cuivre russe émaillé.

140 — Deux girandoles Louis XV à deux lumières, en argent repoussé.

141 — Cafetière Louis XV, en argent repoussé à ornements.

142 — Un moutardier et deux salières Empire, en argent.

143 — Un petit panier en filigrane d'argent.

144 — Un couvert en argent, un autre en vermeil et une timbale en argent.

145 — Garniture de ceinture en argent niellé.

146 — Deux pendants d'oreilles formés chacun d'une rose en diamants.

147 — Bague en or, ornée d'une topaze herborisée.

148 — Un collier en perles fines avec monture en or.

149 — Deux boucles d'oreilles en argent ornées de roses.

150 — Une épingle de cravate en or, ornée d'un rubis de deux petits brillants et d'une rose.

151-160 — Deux boucles d'oreilles, deux boutons de manchettes et divers bijoux montés en or. Ce lot sera divisé.

161 — Collier en filigrane d'argent et perles fines.

162 — Six couteaux à manches en ancienne porcelaine de Saint-Cloud à décor bleu.

163 — Un lot de monnaies anciennes.

164 — Une montre de femme en or garnie de perles.

165 — Petit flacon en vieux saxe, avec bouchon en argent.

166 — Deux statuettes, berger et bergère, en faïence d'Italie.

167 — Coffret en bois de rose avec plaque de porcelaine.

168 — Un sucrier en weegdwood noir.

169 — Une jupe en mousseline brodée.

170 — Une coupe en application de dentelle d'environ 5 mètres.

171 — Un coupon de soie noire brochée à fleurs.

172 — Chien en vieux saxe sur terrasse Louis XV, en bronze doré.

173-176 — Trois montres en or, dont une ornée de pierres.

177 — Une épingle de cravate en or formée d'un aigle.